LES ÉLECTIONS DE 1889

PEUPLE

Garde la République!

PAR

MARTIN BISSIÈRE

Président du Comité Républicain de Saint-Eutrope

(Lot-et-Garonne)

VILLENEUVE-SUR-LOT

IMPRIMERIE Vᵉ ED. CHABRIÉ & FILS

13, Boulevard Saint-Cyr, 13

—

1889

PEUPLE!

Garde la République!

LES ÉLECTIONS DE 1889

PEUPLE !

Garde la République !

PAR

MARTIN BISSIÈRE

Président du Comité Républicain de Saint-Eutrope

(Lot-et-Garonne)

VILLENEUVE-SUR-LOT

IMPRIMERIE Vᵉ ED. CHABRIÉ & FILS

13, Boulevard Saint-Cyr, 13

—

1889

LES ÉLECTIONS DE 1889

PEUPLE !
Garde la République !

INTRODUCTION

Ce petit livre est dédié au vrai peuple, à celui qui travaille et qui produit.

· Il est publié en vue des élections politiques de 1889.

Puisse-t-il contribuer à inspirer au peuple l'horreur de la servitude et l'amour de la liberté !

La liberté est un don de Dieu. C'est un bien primitif, inséparable de notre nature, qu'il n'est pas possible à l'homme d'aliéner.

Ne pas jouir de ce bien, qui est le plus précieux ; le livrer à qui que ce soit, c'est une lâcheté, une profanation ; le reprendre, ce qui est toujours un droit, c'est du courage et du repentir.

Les tyrans à tous les degrés peuvent comprimer la liberté, ils ne peuvent pas l'étouffer.

L'histoire nous apprend que la vraie liberté ne peut exister et ne peut s'exercer que sous une seule forme de gouvernement, qui est la République.

Conservons donc la République pour garder la liberté.

Nos pères de 1789 ont conquis et repris la liberté primitive par la Révolution.

Que ce mot Révolution ne vous effraye point : il signifie que les tyrans de cette époque, grands et petits, furent renversés et que le peuple devint le maître.

Comparable à une roue qui tantôt tourne et tantôt reste immobile, la Révolution, hélas ! tarda longtemps à arriver, et la roue resta longtemps fixe sur le sol, foulant et écrasant dans l'ornière le peuple malheureux !

Mais enfin, après bien des siècles, la roue de la Révolution, poussée par la raison humaine grandie, fit un demi-tour ; le peuple, qui était en bas, se trouva en haut, et les tyrans, qui étaient en haut, se trouvèrent en bas : voilà toute la Révolution.

Qui pourrait ne pas la bénir ?

Nous sommes les fils et les héritiers de la Révolution : qui osera en 1889, à cent ans d'intervalle, renier son origine et son héritage ? Où se trouvera le lâche qui voudra relever la tyrannie et se faire écraser de nouveau sous la roue ?

Il fallait au peuple, devenu le maître, un gouvernement dont le nom rappelât et consacrât sa souveraineté : il proclama la République.

Que ce mot RÉPUBLIQUE ne vous effraye pas non plus : il signifie tout simplement la chose publique, la chose qui appartient à tous en commun, comme on peut le dire d'un chemin public.

Si tout le monde a intérêt à la conservation d'un simple chemin, quel intérêt n'y a-t-il pas de conserver et de défendre la République, qui est la royauté même du peuple ?

Les voilà donc définis ces deux mots RÉPUBLIQUE et RÉVOLUTION, si terribles pour quelques-uns ! Ils ont l'oreille si délicate que la lettre R qui commence ces deux mots les écorche et suffit pour les mettre de mauvaise humeur !

Assurément, ils haïssent le nom plus que la chose, car, comme les autres, ils sont fort aises d'être libres et, pour tout au monde, ils ne voudraient pas être placés sous la roue, qui les écraserait infailliblement.

Voilà pourquoi, en 1889, ceux-là mêmes qui étaient sans motif sérieux hostiles à la République, voteront pour son maintien, et ils auront raison.

Mais, depuis cent ans, la roue de la Révolution a tourné plusieurs fois et, à chacun de ses mouvements, ç'a été une Révolution nouvelle arrêtant, mettant même en péril les immortels principes de 1789.

En dernier lieu, le mal a été si grand, le pouvoir

d'un seul a produit un si effroyable désastre, que le peuple a repris sa souveraineté, et, par la République, a sauvé et relevé la patrie.

Peuple !

C'est à toi qu'il appartient de fixer pour toujours et à ton profit la roue de la Révolution !

Repasse l'histoire des cent dernières années et réfléchis bien à tous les malheurs causés par le pouvoir personnel !

Guéris-toi surtout de ce mal qui, trop souvent, te fait préférer un simple individu à un principe !

Songe bien que l'individu, plusieurs fois, a failli te perdre et te perdrait encore, tandis que la République a été ton salut !

Tes ennemis t'environnent et trouvent légitime que tu retombes dans l'ornière. Défie-toi de leurs caresses perfides ; brave leurs menaces impuissantes ; et, en 1889, comme tes glorieux pères en 1789, fais ton devoir.

Ton salut est à ce prix.

LES ÉLECTIONS DE 1889

PEUPLE !

GARDE LA RÉPUBLIQUE !

I

La République

La République, qui est le gouvernement du peuple par le peuple, n'est pas une institution toute moderne, particulière au bon pays de France, terre classique de l'honneur, de la bravoure et de la liberté.

Sans parler des Républiques antiques de Carthage, de la Grèce et de Rome, qui furent si fameuses ;

Sans nous occuper des Républiques italiennes du moyen-âge : Pise, Gênes, Venise surtout, qui brillèrent d'un si vif éclat ;

Sans même nous arrêter à l'héroïque peuple Suisse, qui compte six cents ans de liberté,

Jetons les yeux sur le Nouveau Monde, sur l'Amérique, quatre fois plus grande que l'Europe entière.

Là, sauf un seul Etat, nous ne verrons que des Républiques ayant toutes une origine moderne, toutes jalouses de leur liberté et n'ayant d'autre but que leur grandeur.

Bien au-dessus des autres s'élève l'immense République des États-Unis, l'amie séculaire de la France, qui l'aida à secouer le joug de l'oppression; les Etats-Unis, qui forment la nation la plus fière, la plus riche et la plus puissante de l'univers entier.

Partout, dans tous les temps, la République a produit l'amour de la patrie, la gloire militaire, la sagesse des lois ayant pour but le bonheur, l'indépendance et la dignité des peuples.

Aussi, que de merveilles n'a-t-elle pas opérées! que de génies n'a-t-elle pas créés! que d'actions héroïques ou humanitaires n'a-t-elle pas accomplies!

La République est le règne du peuple; tout citoyen français, en effet, est investi du droit de contribuer, par son vote, au fonctionnement de tous les pouvoirs publics.

Le gouvernement, ainsi constitué, n'est pas un maître; c'est un simple mandataire dont le peuple est le mandant.

Le peuple est tout aujourd'hui par la République: il est le gouvernement, l'administration, la justice, l'armée ; il est roi par le suffrage universel.

Pourquoi donc quelques-uns, — qui se réclament les héritiers de 1789, — combattraient-ils la République, — qui est, quoi qu'on en dise, le gouvernement définitif, — et se priveraient-ils ainsi de ses bonnes grâces ?

Pourquoi abdiqueraient-ils en faveur de divers prétendants, ennemis acharnés les uns des autres, qui ne sont d'accord que pour détruire le règne du peuple ; qui, sur les ruines de la République, se feraient une affreuse guerre civile ?

L'ennemi, qui nous guette, profiterait de cette anarchie, se jetterait sur nous et nous vaincrait facilement, car il compte bien moins sur ses alliances que sur nos divisions.

Alors, nous aurions le sort de l'Alsace-Lorraine qui pleure sous le joug de l'étranger, qui se désole au souvenir de la patrie de son cœur !

Écoutons les provinces martyres qui nous disent :

« Frères que nous avons rachetés, ne pensez-vous donc plus à nous, à nos malheurs causés par le pouvoir et le caprice d'un seul ?

» Puisque vous y pensez, pourquoi vous divisez-vous ? pourquoi vous affaiblissez-vous ?

» Considérez nos plaies ; croyez bien que vous en aurez bientôt de pareilles si vous êtes assez lâches pour vous donner un maître.

» Voulez-vous être forts et nous donner l'espoir

de la délivrance? — Ralliez-vous tous sous le drapeau de la République. »

Cet appel suprême à la concorde sera entendu, d'autant plus que l'heure est solennelle et que le danger est partout.

A l'intérieur, une ligue sans nom, mais sûrement liberticide, proclame bien haut la chute prochaine de la République et l'arrivée d'un dictateur, avant-coureur du drapeau blanc!

A l'extérieur, une ligue de rois menace de rayer la France de la carte des nations!

Et, dans un moment si critique, que fait une partie du peuple? — Elle est à la recherche d'un maître, sans savoir lequel ni pourquoi!

Pères fameux de 1789! rougissez dans vos tombes de quelques-uns de vos enfants!

Volontaires de 92! phalanges victorieuses de la République! maudissez des lâches qui courent au devant de la servitude!

Mais le vrai peuple, — celui qui travaille et qui produit, — fera face à tous les périls; il aura le civisme et l'énergie de ses aïeux et prendra pour modèle le grand peuple des États-Unis.

Si, aux États-Unis, un prétendant osait se présenter comme tel, quel immense éclat de rire ne provoquerait-il pas! Il serait si confus qu'il irait vite se cacher.

Pourquoi la France,—qui est le pays de la gaîté, — ne rirait-elle pas aussi à la vue du spectacle comique que lui donnent cinq ou six prétendants ennemis voulant tous le même trône et, pour briser l'obstacle qui les arrête, faisant semblant d'oublier leurs querelles et de s'embrasser ?

Cette moquerie, bien méritée, serait pour eux le coup de grâce, car, en France, le ridicule tue.

Laissons donc les prétendants s'agiter et comploter seuls sur la terre étrangère, et rions beaucoup de leur feinte amitié qui cache tant de haines ! car la France appartient à elle-même et nullement à eux.

Que le peuple, dans ses comices et autour des urnes, ne fasse plus qu'une seule voix pour le candidat de la République qui est son propre règne; qu'il ne soit plus question de partis ni de groupes, mais que tous soient unis contre l'ennemi commun : les prétendants.

C'est ainsi que, sans nouvelles secousses, la République, — déjà soutenue par la grande majorité des Français, — s'implantera définitivement sur notre sol, et qu'elle pourra développer et mettre en pratique les grands principes sociaux que la Révolution de 1789 n'eut que le temps de faire éclore, et qui contiennent en germe tout ce qui peut rendre le peuple heureux.

II

Les ennemis de la République

Il existe en France un parti qui a été le maître du pays pendant quatorze cents ans.

Un parti qui qualifiait le peuple de MANANT et de VILAIN, le traitait comme chose abjecte et sans valeur, lui faisait payer la dîme et la rente et subir toutes les misères et tous les outrages.

Un parti qui tomba en 1789, mais qui n'abdique pas, bien qu'il soit détesté du vrai peuple tout entier.

C'est le parti qui prend le nom de LÉGITIMISTE, parce qu'il trouve LÉGITIME le régime d'autrefois et qu'il trouverait encore LÉGITIME tout le mal qu'il ferait au peuple, si jamais il revenait au pouvoir.

Il est composé en grande partie des privilégiés des siècles passés : des soi-disant nobles qui ont gardé tous les défauts de leurs aïeux, sans en avoir les qualités, et du clergé, qui a conservé intact son esprit de domination et qui voudrait encore régner sur les peuples, même sur les rois.

Il est complété par les CLÉRICAUX, qui se trouvent épars dans toutes les classes de la société ; faux dévots qui se servent de la religion comme d'un masque pour cacher les desseins les plus perfides, arrêter tout progrès et commander au peuple par l'ignorance et la superstition.

Le CLÉRICALISME, qui s'allie si bien avec le drapeau blanc, a pour idéal un roi légitime, un roi de droit divin ; mais, à défaut, il accepte un souverain quelconque, roi, empereur ou autre, à la condition toutefois que le clergé sera son guide et son maître.

C'est-à-dire que *civilement* (nous ne touchons pas au côté *religieux* qui mérite tous les respects), le curé commandera dans sa commune, l'évêque dans son département, et que le pape sera le roi universel.

Que, si le souverain agréé par le clergé, fût-il même le légitime, s'écarte tant soit peu de cette conduite, il sera miné, traqué par tous les cléricaux réunis qui le renverseront, après l'avoir béni !

Tel est, dans son ensemble, le parti légitimiste, qu'il serait plus juste peut-être d'appeler le parti clérical. C'est le plus dangereux et le plus détesté.

Cléricaux et *légitimistes* ont pour but de donner à la France un roi de la race de Capet, un roi du prétendu droit divin qui ferait revivre les abus d'autrefois et détruirait entièrement l'œuvre de la Révolution !

Et comme ce parti est rejeté par le suffrage universel, il cherche à arriver par une autre voie. Oubliant ses traditions de noblesse, il s'allie avec n'importe qui, avec le premier aventurier venu, à qui il accorde même la préséance ; avec les indi-

vidus de la pire espèce qui se sont donné aujour-
d'hui rendez-vous pour détruire la République!

Car, le but avéré des légitimistes et *royalistes,*
ce qui est la même chose, c'est de lasser tellement
le pays à force de révolutions et de ruines, que la
France soit dans la nécessité de les subir, peut-être
même de les qualifier de SAUVEURS!

Et voilà, fatalement, où nous irions, si la ligue
sans nom, la ligue liberticide pouvait être plus forte
que celle des républicains.

Heureusement, il n'en est pas ainsi.

Nos ennemis le sentent, ils le savent; et, pour
lever la difficulté, ils veulent attirer à eux les vrais
républicains : ils disent, ils proclament que leur
ligue est républicaine, qu'elle agit dans l'intérêt de
la République!

Républicaine! cette ligue qui ne compte que des
ennemis de la République!

Républicaine! cette ligue qui déclare ne vouloir
plus de représentation nationale, ni, par consé-
quent, plus de suffrage universel!

Républicaine! cette ligue qui nous montre un
dictateur tout prêt préparant le trône à un roi du
drapeau blanc!

Vraiment, la fourberie est trop grossière et per-
sonne n'est assez naïf pour le croire.

Tous les républicains resteront fidèles à leur
poste, et leur nombre sera grossi de tous ceux qui,
comme eux, se réclament les fils et les héritiers de
la Révolution.

Ils ne voudront pas détuire leur propre ouvrage,
ni renier leurs pères et leurs immortels travaux.

Ils se souviendront que les nobles émigrèrent
pour armer toute l'Europe contre la France, et, —
crime impardonnable, — qu'ils trempèrent eux-
mêmes leurs mains dans le sang français !

Ils n'oublieront pas que le clergé souleva la
Vendée pour restaurer l'ancien régime; qu'on le
vit, dans cette affreuse guerre civile, manier le
fusil et s'escrimer de la bayonnette !

Ils savent que l'esprit clérical est insatiable de
domination ; qu'il s'introduit partout pour combattre la liberté, et que rien n'est si odieux que le
gouvernement des curés.

Que cet esprit remuant est l'ennemi de la religion même qui repose sur l'humilité et l'abnéga-
tion, selon cette parole du Christ : « Mon royaume
n'est pas de ce moude. »

Lors donc que le peuple verra le seigneur de nos
jours sortir de son château pour se mêler avec lui
et lui donner des conseils, presque des ordres ;

Lorsqu'il entendra certains curés parler politique du haut de la chaire et tonner contre la
·Révolution ;

Lorsqu'il entendra les cléricaux de tout acabit
crier à la persécution ;

Il se dira : « Puisque mes ennemis de tous les
temps, — ceux à qui je payais la dîme et la rente,
sans compter tant d'autres redevances; ceux qui,
de coutume, ne me regardent même pas, — sont

si empressés aujourd'hui à me donner des avis pour le choix d'un candidat, c'est, à n'en pas douter, pour leur propre intérêt et non pas pour le mien. »

Et, d'instinct, autant que par raisonnement, le peuple votera dans un sens contraire à celui de ses ennemis, et il fera bien.

C'est ainsi que toutes les factions et tous les prétendants seront confondus, et que sera éclatant le triomphe de la République.

III

Les prétendus griefs contre la République

Les ennemis de la République inventent chaque jour contre elle de nouvelles calomnies.

Ils veulent la salir coûte que coûte ; mais, comme ils ne peuvent rien prouver, leurs injures et leurs diffamations les salissent eux-mêmes, à tel point que plusieurs d'entre eux se retirent de ce milieu infect et tournent la tête de dégoût.

Ils disent que la République ne fait rien, et ce sont eux qui enrayent tout travail.

Ils disent que la République est le désordre, et ce sont eux qui le provoquent.

Ils disent que la République est persécutrice, et ce sont eux qui menacent.

Ils crient que la religion est en péril, et ce sont eux, cléricaux et jésuites, qui la perdent par leurs convoitises et leur hypocrisie.

Ils crient que la République nous mène à la banqueroute et à la ruine, et ce sont eux qui ont dévoré les milliards et mutilé la patrie.

Ils crient encore plus fort contre les écoles laïques, parce qu'ils savent qu'elles sont la condamnation du cléricalisme.

Ils crient sur le même ton contre la loi militaire

qui réduit le service à trois ans, pour le seul motif que, comme tous les autres, le curé sera soldat.

Enfin, ne sachant plus que dire, les ennemis de la République qualifient le peuple en bloc de révolutionnaire, pendant qu'ils préparent eux-mêmes la pire des révolutions : la guerre civile.

Et pensez-vous que nos ennemis politiques croient eux-mêmes la République aussi mauvaise qu'ils le disent ?

Non ! c'est tout le contraire.

Au fond de leur cœur, ils reconnaissent qu'elle a libéré et relevé la France, conduite par eux sur le bord de l'abîme ;

Qu'elle jouit d'un crédit universel ;

Qu'elle est tolérante, même débonnaire, son seul défaut ;

Qu'elle a toujours ses bras ouverts pour recevoir ceux qui viennent à elle ;

Qu'elle veut la paix des consciences et la liberté religieuse ;

Que si, quelquefois, elle est sévère, c'est qu'elle a le droit et le devoir de se défendre, et qu'elle ne veut pas se laisser étrangler comme ses devancières.

C'est cet ensemble de qualités, défiant toutes les calomnies, qui exaspère les ennemis de la République, la voyant si vivace et par là indestructible.

Ils savent aussi, — et c'est le grand motif de leur haine, — que la République est perfectible, et que ce qu'elle a déjà fait pour le peuple n'est que le commencement de ses bienfaits.

Voilà les seules causes de tous les assauts qu'elle subit et qu'elle repousse toujours, parce que sa force augmente sans cesse et qu'elle veille à sa conservation.

Ce qui provoque surtout la colère deś ennemis de la République, c'est l'égalité des droits politiques, c'est le fonctionnement du suffrage universel, qui se refuse à leur donner raison !

Ce qui leur est dur par dessus tout, c'est d'être obligés, eux comtes ou marquis, de se mêler avec l'ouvrier et le paysan, et de voir que leur vote ne vaut pas plus que le leur !

Oh ! combien en eux-mêmes ils doivent alors blasphémer la Révolution qui les fit déchoir pour élever le peuple !

Combien, à son tour, le peuple doit-il bénir cette Révolution et être fier d'avoir la République !

Mais voici des griefs d'un autre ordre mis à la charge de la République.

Ses ennemis la détestent tellement, que leur colère les met parfois dans un état d'exaltation voisin de la démence !

En effet, ils disent et répètent à satiété que la République est la cause de tous les malheurs qui arrivent, comme la grêle, les inondations, le phylloxera, et ainsi de suite ;

Qu'elle empêche les affaires de bien aller ; qu'elle arrête le commerce ; qu'elle est cause de la crise économique que nous traversons et choses semblables.

Mais, s'il arrive une bonne année ; que le bétail se vende bien ; que les fruits réussissent à souhait, ils se garderont bien, en ces occasions, de l'attribuer à la République !

Fourbes et malheureux que vous êtes ! vous savez bien que la République, pas plus que la monarchie, ne peut être cause ni des bonnes ni des mauvaises récoltes, ni de la pluie ni du beau temps !

Vous vous dites religieux, et sans cesse vous attaquez dans son domaine la Divinité !

Mais, diront-ils, peut-on nier que la République n'est pas la cause de la crise que nous traversons et de la gêne que nous subissons ?

Non ! la République française, — qui n'est en importance qu'environ la quarantième partie du globe, — ne peut être la cause de cette crise générale qui a passé partout, chez les monarchies les plus absolues comme chez les peuples les plus libres, dans l'ancien comme dans le nouveau monde !

Cette crise, d'ailleurs, touche à sa fin.

L'Exposition universelle, — œuvre de la paix, du travail et du génie, qui a pleinement réussi malgré tous les efforts des ennemis de la République, — marque le terme de cette période pénible et va ouvrir une ère de prospérité.

Mais, comme le malaise public, — qui est exagéré à dessein, — est le principal argument des ennemis de la République, il est bon que tout le monde connaisse le motif dominant de la crise en France.

C'est le traité de Francfort qui nous ravit l'Alsace-Lorraine et nos milliards; qui, en outre, nous imposa des clauses secrètes.

Ce sont ces choses qui ont fait dire à Bismarck : « Le traité de Francfort sera pour la France le Sedan économique. »

Or, qui a fait le Sedan militaire ?

C'est vous, bonapartistes !

C'est vous les auteurs de la guerre !

C'est vous les auteurs de la crise !

Courbez la tête et humiliez-vous !

C'est ainsi que tous les griefs portés contre la République tournent à la confusion de ses ennemis.

IV

Les Alliés de la République

Napoléon Ier a dit : « Les blancs seront toujours les blancs. »

Ces quelques mots feront réfléchir, en 1889, tout un parti qui se réclame de 1789 ; qui se fait l'allié des blancs ; qui est tombé deux fois sous les coups de l'étranger et sous les attaques du cléricalisme, dont il n'avait satisfait qu'à demi l'insatiable soif de domination.

A l'époque de ses revers, Napoléon Ier eut du regret d'avoir abattu la liberté et voulut, mais trop tard, la restituer au peuple en qui seul il voyait la force nécessaire pour repousser ses ennemis acharnés.

Nous sortons à peine d'une autre époque de revers provoqués par un autre Napoléon, qui ne fut même pas l'ombre du premier, et rien ne peut nous assurer, — si ce n'est l'accord et le patriotisme de tous les Français, — que nous ne sommes à la veille d'une nouvelle catastrophe.

Partisans du grand homme, qui ne le fûtes jamais du petit, revenez comme lui à la liberté !

Abandonnez cette ligue sans nom, qui ne travaille pas pour vous, soyez-en sûrs, mais pour un nom sans gloire, pour le drapeau blanc !

Vos alliés d'un jour, cléricaux et royalistes, ce sont toujours les blancs avec les mêmes revendications.

Ils ont beau se déguiser, ce sont toujours les ennemis mortels de la Révolution, qui est votre principe.

Vous êtes qualifiés par eux de révolutionnaires, à l'égal des républicains.

Votre drapeau, le drapeau tricolore, est aussi celui de la République, qui vous ouvre ses bras généreux !

N'hésitez pas : le passé est oublié !...

Le même drapeau doit consommer l'union et combattre le drapeau blanc !

C'est pour ces raisons de premier ordre que les partisans de Napoléon Ier se rallieront en masse à la République.

Ils ne seront pas les seuls.

Les bons prêtres, ceux qui ne s'occupent que des intérêts de la religion et ne font pas de la politique agressive et militante seront aussi avec le peuple, comme firent leurs devanciers avant 1789.

Quelques nobles même, fidèles à l'abandon généreux que firent leurs pères le 4 août 1789, se rallieront et sont déjà ralliés à la République, qui leur fait part de ses bienfaits.

Ils feront ainsi honte à quelques parvenus dont

les aïeux renversèrent la Bastille et qui, aujour-
d'hui, renient leur origine plébéienne.

Ces nouveaux arrivés seront les bienvenus et
seront d'autant plus estimables qu'ils auront su se
retirer d'une ligue fangeuse ne pouvant vivre que
de révolutions, sans rien faire et à la façon des
lazzaroni.

Ils iront au scrutin décisif de 1889 côte à côte
avec la grande armée républicaine, et c'est ainsi
que, tous ensemble, nous célèbrerons dignement le
grand Centenaire de 1789, destiné à confondre à
tout jamais le drapeau blanc et les fauteurs de
révolutions !

FRANÇAIS !

Vous êtes libres et vous tenez en main vos destinées. C'est la République qui vous a tirés de l'abîme et armés d'un bulletin !

De grâce, n'essayez plus du pouvoir d'un seul, qui nous fait porter le deuil de l'Alsace-Lorraine et nous attirerait un sort pareil !

Mais ralliez-vous tous sous l'égide puissante de la liberté, sous le drapeau tricolore, sous le drapeau de la République !

Ce drapeau glorieux, emblème de la patrie, doit rallier tous nos cœurs et faire de nos forces un seul faisceau qui ne pourra être rompu ni par les ennemis du dedans, ni par les ennemis du dehors !

Vrai peuple ! toi qui travailles et qui produis ! toi surtout sois uni !

Que tes bulletins politiques de 1889 soient conformes à ceux de tes pères de 1789 !

Et, lorsque tous ensemble nous irons aux urnes, poussons à la fois ce cri de ralliement :

« Gardons la République ! »

Juillet 1889.

Imp. Vᵉ Ed. Chabrié el Fils, à Villeneuve.